Isla Mujeres

Irizelma Robles Álvarez

fragmento**imán**

el**arco**invisible
poesía

Isla Mujeres

Primera edición, 2008

©Irizelma Robles Álvarez

Reservados todos los derechos de esta edición para:
© Fragmento imán Editores
57 Calle Aguadilla Apt. C3
San Juan PR 00907
www.fragmentoiman.com

Diseño colección y diagramación: Sofía Sáez Matos

ISBN: 0-9762215-8-6

Impreso en Colombia por:
Panamericana Formas e Impresos S.A.

Índice

Faunos

Que el año de 1517, por cuaresma, salió de Santiago de Cuba Francisco Hernández de Córdoba con tres navíos a rescatar esclavos para las minas, ya que en Cuba se iba apocando la gente. Otros dicen que salió a descubrir tierra y que llevó por piloto a Alaminos y que llegó a la Isla de Mujeres, a la que él puso este nombre por los ídolos que allí halló de las diosas de aquella tierra como Aixchel, Ixchebeliax, Ixbunic, Ixbunieta, y que estaban vestidas de la cintura abajo y cubiertos los pechos como usan las indias…

Fray Diego de Landa, *Relación de las cosas de Yucatán*

Ix Chel

La luna ha sido la primera mujer agarrada por la brasa:
brazos del sol se alzaron hasta su pecho.
Llamarada de opacidad. Tenue topacio.
Albur de la luz, para decir amor te quema la boca
y para decir palabra de amor, como te quiero,
se hace la cara de cenizas, la boca cenicero, la lengua
    de humazos.

Luego nacimos nosotros, de ese amor y sobras de la luz.

Ah Num, el hambriento

Otro golpe bajo, otra saeta en el nudo de mi
estómago: tengo hambre. De aquí para afuera todo
es nulidad, vacío. El mundo se tiende sobre un fondo
sin germinaciones. Sólo crece mi pequeña queja:
tengo hambre. Algo gime afuera, quizás otro pequeño
vacío. En esta tierra el horizonte no determina lo
que está lejos. Las nubes son viscosas y no hay días
visionarios. Nada promete cambiar, sólo mi quejido
se agranda hasta llegar a los dioses que aquí son días.

Cetezak Puvak

Comeré basalto, la piedra de obsidiana se hará navaja,
domaré tu pelo. Descubriré tu piel y revestiré al
animal desvestido en el mito, cuando el sol salió
y todo se hinchó de vida, los cuerpos desnudos,
los patos y los ciervos. Pero tu pelo es como un
tizón, quemante, no deja más que estragos en las
pobres criaturas. Amenazas con destruirlo todo,
con lanzarnos desnudos a la luz. Comemos basalto y
esperamos a que creas. Antes de que llegue el otro sol,
moriré.

Torvos

Para Ofelia Medina y Héctor Bonilla

Así es el color cuando se turba: tolvaneras mal encaminadas, aves negras, confundidas, papaloteando, mariposas indecisas, ¡cosas tan distintas como una montaña o Moctezuma!

Habrá que decidir para impulsarse, para sostener el gris propagado.

¿Secará el color pardo de mis plumas o será mía otra vez la blancura de *Aztlan*, allí donde las garzas se ocupan del vuelo mientras los hombres firmes en la tierra, caminan, hacen la guerra, el amor, cosas de hombres?

Todo se confunde: el hombre y la mujer, la guerra y el amor, la gloria y el infierno. Se lanzan al vuelo estas aves torvas,

polvos de ira.

Chaac

Amigo de la inmortalidad y del silencio, ruido de luz
en mi garganta,
soplo de vida el trueno, anuncio de vida el rayo,
amigo de la luz fría viene cargado de lluvia a fecundar,
le dejas a la tierra tus ancas de rana, tus escamas de
pez vencedor, allí
donde sabe la semilla que te duele,
donde sabe la tierra que te gusta,

Chaac, alcanzas a decir, *soy el dios del trueno*
con un susurro iluminado
como si lloviera.

Tijeretas

El amor es el único acto de magia que tenemos
permitido. A veces se parece al vuelo entrecortado de
esas aves de alas de tijeras,
para cortar la tierra,
para cortar el mar,
para cortar el aire.

El amor puede ser más
el miedo del mago midiendo la distancia entre el mar
y la tierra.

Çanon, cangrejitos de ciénaga

Son como las cosquillas del amor empozadas en el
ombligo, nubarrones de azúcar, oro molido para el
intercambio, cañutos de oro con que empeñar el alma
y la vida, plancha ardiente donde rebota la piel, sin
borraduras ni escollos

sana

son como los largos besos del amor cuando se cansa y
agota los bríos sin soltar la brida, caballos diminutos
que corren

sanos

por la ciénaga.

Mimosas

Vino espumoso y jugo de naranja

son esos peces

Pez de orilla

para Salomé

Pequeñita voz traslúcida, ojitos salados, camaroncito tenue, ¿no ves que te anda viva la orilla del agua? Y aún así sales todos los días a bañarte de sol, sus rayos te ayudan a criar más piel, como si fueran tus escamas un plato para la luz.

Pez de orilla, mi amor es una platea donde brilla el cariño con toda su intensidad.

Daría lo que fuera por cerrar los caminos, por que no salgas de esa boca húmeda que lo guarda todo con voz segura, desde el principio del mundo y su orden.

Te hago un cuento, pero quédate a dormir en tu cama de ostras que el pejelagarto es el cuco de esta orilla.

Témele,
anda descalzo
y te quiere comer los pies.

Mares

Aquí te dejo este buchito de agua
pirámide del sol en la cúspide
para ayudarte contra la calcinación del mediodía
la vejación de ese rayoso dios que es antigua en tu contra.

Todos te pisan y te traen polvo
abofetean con los pies tu gran hinchadura de piedra
te arañan y te orinan en idiomas molidos
pero nadie recuerda que la frescura fue tu mejor ceremonia.

"Rito para que nazca una flor en la gran pirámide"
Roque Dalton, *Los testimonios*

Mar humano

Nadaré por este mar
sin la piel de la anguila
sin la nariz penetrante del delfín
sin escamas para asirme
sin las asas
sin la leche
sin el pan
que volvería a ser duro en la mañana
sin la humedad de tus peces
navegaré a tigrazos
aguerrida
a ballenitas, a jofainas, a puntapiés
con la infinita sed
con pena.

Mar Índigo

Unos ojos profundamente azules
una cara profundamente negra
voz austera que ahoga
el final de la respuesta:
oírte es agrupar los oleajes, las algas, los erizos

en la arena mojada
te dejo mi tobillo
mis huesos burbujean
mi piel arde

eres mar de otro mundo

no tienes nombre.

Marruecos

La rueca de este mar
hila perfumes nuevos
y cuando menos lo esperas
robo tus prendas
velarás desnudo mi vuelta
hasta olerme de lejos
infiel y ruda
como una madeja de celos.

Mar Mediterráneo

Mar sabedor, hondo, ancho
mar de ríos que desembocan
comedidos
para no molestar
mar de irme a mis anchas
recorriendo verdades
los números del yodo y del mercurio

mar que gobierna los ceros
de cada gota para colmarme
de un sorbo
y me enhonda
me enancha
me sabe.

Mar de gitanos

La caravana de ojos, la quincalla
los maderos, la barca suelta, el quinqué

bajo esa luz
encontré mi sangre real
palabras del dictado

suerte echada

bajo esa luz
hallé mi puñado de sal
mi cajita de mar parlante

allí resuena tu voz como la garra del pecado.

Mar Rojo

Irse a morir de otro color
roza y quema de la vida, talar a ras,
izar bandera, dar
zancadas
estoy a la espera de un recomienzo
la vikinga muda el pellejo como cambia de barco.

Mar cial

Me doy prisa para escribir el conjuro
trazo y trazo la piel
presa de la tinta como un códice antiguo
escribo sal y mar
pero tenía que decirlo
con la tinta del pulpo sobre la carne vencida.

Mar Muerto

Sedimento
es la memoria,
un fósil.

A mar

A bogar por la paz en un mar inesperado
donde nacen redondas las penas
y todas las mañanas son
lágrimas
duras
de erizo

como panes redondos.

Mar de codos

Los uso para decirte cosas que de otro modo no sé
y tú me oyes desde esa parte mía
que es un codo,
abrazo arrodillado

resbalo entre sudores de cal y leche pura
hablo el idioma duro de los huecos
que dejan en tu carne

palabrotas.

Mar de ojos

¿Sentirán al corazón, lo escuchan
o son el corazón a punto de llorar,
verá los ojos o sólo se verá a sí mismo,
sabrá que hay dos afuera esperando
-jadeantes, cansados-
o mejor sería decir "ojos que no ven, corazón que no siente"
ni ver, ni sentir?

Mar de Bismarck

Un hombre casi fue rey por una tarde,
casi se hundía en una cama, casi fue tierra y mar,
casi me daba de comer.
Un nombre fue Reich de Alemania,
barco de guerra, un archipiélago, una central de abastos
mar de las islas Trobriand.
Casi todo.

Mar Caribe

Mudo mi nombre mundano
por uno tibio de horizonte claro
cuando amanece en el calor de tu conciencia

una luz amalgamada
libre de culpas
me toca la piel limosa
cuando en el fondo claro
recibo el sol pasado por tu filtro

se inflama la cavidad sonora
para decirte que ahora me llamo hacia una latitud
horizontal

que tengo la respiración lenta y visto pulsaciones
breves.

Mar de Herodes

Algo blando se sumerge
en la herrumbre de los verbos

será una isla antigua
marcando territorio, oteando el océano

hacia adentro
todo espera

horda sumergida en la inmensa certidumbre.

Marnuda

Cambia de ruta la brisa occidental
viene a dar en otra agua
mejorana
libre de brisa, sin Occidente

todo viene a dar conmigo en esa agua
mejorada, desnuda.

Bacalar

Para Hazdra Armida

Hazdra me llevó a Bacalar:
ese mar sin olas
me tragaba con sus dientes de barro.

No conocía lagunas como mares
ni sabía muy bien si entre nosotras
nadaba también
una ola perdida
una desembocadura
otros animales
pero el miedo se fue desde el principio
y salimos ya de tarde
con la frente despejada
a tomarnos fotos entre el azul y el verde.

No le dije
pero sentía que me había parido el monstruo de la tierra.

Isla Mujeres

He penetrado tu recinto en tinieblas
hay libros de alquimia hay un mar por el medio
sin ritual ni amuletos me he enfrentado a tus ojos
se inician en silencio las doctrinas del ciclo

José Antonio Arcocha, *Los límites del silencio*

Autorretrato con libro

A José Carlos Becerra

Este libro de ruinas leído entre ruinas: Palenque,
Uxmal, La Venta, bloques apilados entre el polvo y
el paso del tiempo, amores perdidos que de nuevo
encuentro en páginas ruinosas. Vieja edición del
otoño, voces contrahechas. Morir terriblemente, sin
vuelta de hoja, como los mayas y los olmecas. En
torno mío una gran pirámide, una estela con glifos
incomprensibles, y este libro para salvarme, para
explicarme el salto del amor a la muerte.

Tríptico a las juchitecas

A Guido Münch

…en este armario hay un gato encerrado
porque una mujer
pelea por su dignidad

Lila Downs, *Dignificada (la balada de Digna Ochoa)*

Istmo

La casa vistosa
la casa henchida de flores
resplandor y vórtice
de un equinoccio
que aguarda soles o lunas
crecientes
en el volante de tu falda
de recién casada
se me brindan tus flores
como un portal del istmo

Tehuantepec
a doce flores de camino.

Tehuana

En mi casa nueva
he puesto flores de hilo

adormece las esquinas su olor de corazones rotos

doblada sobre
mi máquina de coser
bordando olores que terminan en flor o fruta
abrillantada
persigo el camino de la tela
hasta el corazón de mi casa

me espera la virgen de los colores,
la Xob,
diosa, maíz, María y cielo,
mujer y hombre del tiempo detenido

notan, nonan, nocal

mi padre, mi madre, mi casa nueva
mis flores de muerto adornando mi vestido
una novia triste almidonando la casa
la diosa, al centro, ofrenda de mi olor.

Resplandor

Más lejos que la frontera, más lejos que cruzar
otra voz es la que habla
allá se escucha, se puede oír
cuando roza las copas de los árboles del quetzal
esas plumas finas escriben la historia triste
de los hombres verdaderos

allá se encuentra el día propicio
para pedir el fruto, el chicle, el copal
allá anidan esas huellas de luz
otra voz se escucha
más allá de las paredes de mi casa

a doce flores de camino
donde viven las tehuanas, la otra cara de Frida,
las sin miedo al hambre, las sin hombre,
que es no tenerle miedo a nada
las mujeres visten su resplandor
Marías de cara a Dios, sin cruzar los dedos
esa voz, esas voces
más allá de las paredes de esta casa

iré dejando a mi paso una hilera de sitios vencidos
hasta ser la voz, hasta ser *ellas*.

Huixtocihuatl, diosa de la sal

Hago de silencio la sal.
Mis guisos tienen un aroma lejano, suave como el
rumor,
las almendras se ruborizan con el zumbido del grano,
    sabe la fruta a lo que suena y rebota como un eco
    en la piel   el amor   el sexo
todo es metáfora de la sal, todo lleva una felicidad
    exhumante de sabores viejos, ocres,
acedos: los sabores apilados del tedio.

Algo más que el ruido los ocupa.

Mayahuel

Aguamiel. Hilos de maguey bien enhebrados que dan
    forma al lienzo. Sábana que dejará
tiesas las imágenes.

Pero la diosa no sabe escribir.

Adoptará la postura del dibujante, irá a reírse cuando
    imite los trazos del que pinta,
mentirá al pie de la letra, se mofará a gusto de
    las letras, sobándolas.

Miel de agua, con eso entintas y desdibujas.
    También desmientes. Con las puntas de tu
planta te vas a la esquinita de la tela a deshebrar.
    Madejas. Púas iletradas surgen otra vez
maguey.

Nuestro pelo es todo eso.
Son los hijos de Mayahuel.

A las muertas de Juárez

I.

... bandadas de pájaros negros

lentas prosapias
fardos de maíz picado

así le llaman los indios a su maíz podrido

el trabajo de la siembra
echado a perder
es como una bandada de pájaros fúnebres
picando en el fondo del fardo

una parvada de muerte carcomida.

II.

¿Cuánto vale una lágrima?
¿Cuánto vale una mano quieta?
¿Cuánto vale una sonrisa silente,
una boca que no revela la verdad,
un ojo que no mide la distancia?
¿Cuánto vale una mujer que sale a caminar y no
regresa?
¿Cuánto vale una oración y un papel donde escribirla,
donde pasar por vivo el último suspiro,
donde posar desnudas como la esperanza?

Celina, tierra firme

Para Celina

Verte luchar contra los aromas del café
los cafetales crecen bajo el plantío
los miras y guareces del sol inexplicable de tu lengua
las semillas se dejan inhalar de ti
así surgieron los caminos sagrados
la tierra fértil
tu entorno es luz inevitable de la rama

si abono con tus dosis de calor
revive la pera y la pereza
el enjambre de mieles para
el olvido y su coartada

tierra adentro te convencí de las aves
y sus loas
de los ojos de agua
y sus pasiones
fue tu cara el albergue del recóndito aroma
Celina
desde la profundidad te percibo.

Isaí

"No es lo duro sino lo tupido"
Para Ita

No sólo tú, pero yo también
si a veces abrevio tu nombre es porque te debo una
    oración más amplia
te miro y me conduelo de mí misma
sé decir tu nombre por el mío
me escucho más sincera porque debo una respuesta
    donde sólo te escuche

ya no podré distinguir entre mi cría o la tuya.

¿Llamarnos en sueños o tocar algún día a la puerta?

Enriqueta

A Enriqueta Ochoa

La casa y la oscuridad aún nos pertenecen
no tenemos nada más
nos toca el sol por medidas, a plazos
pero tenemos el grano de maíz prometido
la labor de hilvanar desvelos como tendones
y tejer de venas la ropa de nuestra soledad
nos tenemos
una pequeña incisión y tu luz se deshilvana
    de mi ombligo
del tuyo encabuyado
hilamos
tejemos
mi vestido por el tuyo
la casa y la noche
trabajan con nosotras

rezurcirnos será la única manera.

Isla Mujeres

La yola a punto de reventar entre el mar abierto
y los delfines, que no dejaban de ser familia
aun entre el tumulto
la yola nos acogió de tarde
confundida en todo aquello
las gaviotas más humanas
caminaban casi de frente a nosotros.

Dos poetas y yo nadando entre peces como palabras.

Aquella tarde
probé la carne sagrada del carey
y la sonrisa en la cara de todos.

¿Quién nos había parido a tanta felicidad?

Recordé
los nombres de las diosas
que habían fundado la Isla,
el cenote sagrado y todas las ahogadas en su nombre.
Pensé hundirme con ellas
pero recordé que estaba viva en Isla de Mujeres,
que moriría después y lejos
en el continente de los hombres.

Quien nos parió a tanta felicidad
supo también que nos lanzaba al abismo de su falta.

Chetumal

Para Madeliz

El mundo cabía
en la hoja de un tamal
pero ¿qué era el mundo
perdido allí entre tantas hojas?
De espaldas a mi Caribe,
entre olas y entre tanto
cantábamos la plática
cantábamos bajito
y lo sé, después no sería como ahora,
entre sís y entre nos
otro México esperaba
había que hacer la vida
más que verla
pero qué lindo fue
perderse allí
mirando
entretanto
el mundo.

Poemas de Tierra Firme

Ciudad desordenada por la selva;
la serpiente rodeando su ración de muerte nocturna,
el paso del jaguar sobre la hojarasca,
el crujido, el temblor, el animal manchado por la muerte,
la angustia del mono cuyo grito se petrifica en
nuestro corazón
como una turbia estatua que ya no habrá de
abandonarnos nunca.

¿Quién escucha ese sueño por las hendiduras de sus
propios muertos?
La fuerza de la lluvia parece crecer de esas piedras, de allí
parece la noche levantar el rostro salpicado de
criaturas invisibles,
de ese sitio que ha retornado al tiempo vegetal, al ir y venir
de la hierba.

José Carlos Becerra, *La venta*

Entre
los indios nahuas
casarse era entrar a un cuarto de cuatro paredes
a anudarse la falda con la camisa del marido
a convivir entre esas ropas por cuatro días
tendidos sobre una estera
a la que llamaban petate
mientras la partera esperaba
tras la puerta
que las cuatro esquinas dieran en el centro
y todo fuera la forma de dios recién parido

una mazorca de maíz desgranado
como reloj de arena
como tiempo

ella decía "de mi maíz todos los granos"
y él le respondía con la serpiente y el azadón
con todo su esfuerzo.

Tloque Nahuaque

Sacerdote del cerca y del junto
intermediario
del tedio y del día
digamos juntos la oración del beso ahogado
digamos de la suerte que corren los siglos
cuando se ama y se olvida la historia del hombre
cuando de amor se trata
y no importa el origen del estado
ni la cacería de mamuts
cuando ni un hombre ni una piedra podían más que
    un dios
y todo misterio, todo secreto
quedaba a buen resguardo de las cuevas

íntimo y diario
digamos juntos los secretos nuevos
la misteriosa claridad del día que nos toca.

Mi corazón come y bebe de otros corazones

los arcabuces hacen nido en las maderas de los barcos

La luna menguante
nos dará su tiempo
todos los meses
para pensarlo mejor

en 7 de luna
nos hará mejores

hachas de palo para cortar nada
mientras la yerba crece
sacos repletos
de miel protegida
mientras todo se desborda

la luna dará la señal.

Juramento

Algún día descubriré en tu boca
la fruta silvestre, el pan de cada día,
las crías de otros animales
con menos suerte
que nosotros

los tribales, los amorosamente atados.

Osamenta

Sobre todos los huesos de mi cuerpo
erguidos, bípedos
salimos un día desde mí
otro desde ti
hacia el mismo lugar
donde los huesos y la menta juran quererse
para volver a querernos de regreso
donde se juntan.

Olorido

Rasgo el olor de tu piel
gritas de dolor
con dos palabras

visto esa piel
ahora sé cómo decirlo

olorido, adherida.

Enjaezado el cuerpo de jubones nuevos
de ropas dispares y brazos inconexos que no
miden la distancia entre el abrazo y el mimo
la caricia forja una redondez que penetra
en los lagos de su boca
y queda todo enjabonado de aljibes
de pormenores
y comienzos
todo queda dispuesto
como los caballos de los viajantes
o las almohadas que reciben el pelo de las novias.

La virgen
repliega sus alas

mariposa nocturna

cuando apenas el sol es otro milagro y
la pasión brota del cuerpo como agua caída.

Lástima del amor que perdió sus alas
no se lanzó más sobre el aire a recoger las sobras
de los pájaros
migajas de Dios.
Sus alas eran dos hojas de papel cortado
con las tijeras de una niña.

Su vuelo, una playa, el puño,
un mosaico de arena colorida
sobre la tierra de Antigua.

Pedir hora

De esto saben muy bien los señores de la Sierra
la hora es vida, las velas de miel
cantan su lumbre
van zumbando la oración del santo.

Sale la noche
como un aullido
apagando brujas y chamanes
las velas arden
porque la vida
ardida
indignada de tanto rubor quemante,
ahogada de copal,

quiere ayudar pero no puede.

La vida debe respirar.

Los señores de la Sierra Madre
le rezan a la tierra
cuidan la ofrenda
no olvidan nada
aprietan los puños y los pies por no pisarla.

Habrá fiesta
la tierra olerá sus peticiones
habrá muertos y chiquillos de alma nueva
pidiendo lo suyo,
ayudando a los vivos en sus intenciones.

Pido hora.

Mi vida alargada, ardida, voraz.

En las entrañas de la tierra
la ofrenda cobra vida.

Se ilumina el astro terráqueo
como un globo de luz.

Todo conversa conmigo
hasta llegar la mañana.

Esta edición de 500 ejemplares se terminó de imprimir
el 05 de septiembre de 2008 en los talleres de Panamericana
Formas e Impresos, S.A. Bogotá, Colombia.